Digest For Writers
Writer's Handbook

By
Calvin R. Jones

ISBN: 978-1-63751-226-5

Index: ___

Index: ___

Index: ___

Index: ___

Index: ___

Index: ___

Index: ___

Index: ___

Index: ___

Index: ___

Index: ___

Index: ___

Index: ___

Index: ___

Index:

Index:

Index:

Index:

Index:

Index:

Index:

Index:

Index:

Index:

Index:

Index:

Index:

Index:

Index:

Index:

Index:

Index:

Index:

Index:

Index:

Index:

Index:

Index:

Index:

Index:

Index:

Index:

Index:

Index:

Index:

Index:

Index:

Index:

Index:

Index:

Index:

Index:

Index:

Index:

Index:

Index:

Index:

Index:

Index:

Index:

Index:

Index:

Index:

Index:

Index:

Index:

Index:

Index:

Index:

Index:

Index:

Index:

Index:

Index:

Index:

Index:

Index:

Index:

Index:

Index:

Index:

Index:

Index:

Index:

Index: ____

____

Index: ____

____

Index: ____

____

Index: ____

____

Index: ____

____

Index: ____

____

Index: ____

____

Index: ____

____

Index: ____

____

Index: ____

____

Index: ____

____

Index: ____

____

Index: ____

____

Index: ____

Index: ____

____

Index: ____

____

Index: ____

____

Index: ____

____

Index: ____

____

Index: ____

____

Index: ____

____

Index: ____

____

Index: ____

____

Index: ____

____

Index: ____

____

Index: ____

____

Index: ____

____

Index: ____

Index:

Index:

Index:

Index:

Index:

Index:

Index:

Index:

Index:

Index:

Index:

Index:

Index:

Index:

Index: ______________________________

____

Index: ______________________________

____

Index: ______________________________

____

Index: ______________________________

____

Index: ______________________________

____

Index: ______________________________

____

Index: ______________________________

____

Index: ______________________________

____

Index: ______________________________

____

Index: ______________________________

____

Index: ______________________________

____

Index: ______________________________

____

Index: ______________________________

____

Index: ______________________________

www.ingramcontent.com/pod-product-compliance
Lightning Source LLC
Chambersburg PA
CBHW081352070526
44583CB00020B/2535
* 9 7 8 1 6 3 7 5 1 2 2 6 5 *